TEMPLV S. PETRI ET
S·TRIVM REGVM
AD PREDIKATORES
SENT LVPVS
FRANCKĒ TORN
AD MARIE GRADVS
T. MAXIMIN

Im Mittelalter war Köln eine der größten und reichsten Städte Europas. Das imposante Rheinpanorama der Stadt ist daher auch auf vielen alten Bildern und Ansichten festgehalten worden. Der vollendete Chor und der angefangene Südturm des Domes gehörten zum unverwechselbaren mittelalterlichen Stadtbild Kölns.
Im Laufe der Jahrhunderte hat die Stadt ihr Bild jedoch verändert. In den letzten Jahrzehnten kamen etliche Hochhäuser hinzu, aber keines erreicht die Höhe der Domtürme.

Die Vorgängerkirchen des gotischen Domes

Die Stelle, an der heute der Dom steht, dürfte schon im römischen Köln das Zentrum der dort lebenden Christen gewesen sein. Hier, an der nördlichen Flanke der Stadt, lösten sich durch die Jahrhunderte immer größer werdende Kirchen ab. Sie lagen innerhalb eines Kranzes von Stiftskirchen und Klöstern des ‚Heiligen Köln'.

Die Reste früherer Domkirchen sind unterhalb des heutigen Domes innerhalb einer über 4000 qm großen Ausgrabungsfläche zu sehen. Von den frühesten Kirchen ist nur wenig erhalten. Es gibt Teile von Fußböden und Mauerabschnitte, die ihr Vorhandensein belegen, ihre Form aber nicht überliefern können. Über einem älteren, einfachen Wasserbecken wurde um 500 ein achteckiges Baptisterium mit geschwungenen Seiten errichtet, das von einem Baldachin überspannt war. Es stand innerhalb eines kreuzförmigen Gebäudes, dessen Innenraum Mosaiken zierten. In der zugehörigen Kirche wurden um 540 eine Frau und ein achtjähriger Knabe bestattet. Den reichen Grabbeigaben nach können sie Mitglieder der Familie des Merowingerkönigs Theudebert gewesen sein.

Nur wenige Jahre später wurde der Bau einer größeren Kirche begonnen. Vor deren Altar stand eine gemauerte, schlüssellochförmige Kanzel von ca. 5,70 m Durchmesser. Im östlichen Mittelmeerraum dienten solche Anlagen nicht nur der Predigt, sondern auch feierlichen Zeremonien, z. B. Krönungen und Weihen. Ende des 8. Jahrhunderts wurde die Kirche an der Westseite durch einen zweiten Chor ergänzt, der von einem ringförmigen Atrium umzogen war. Eine ähnliche Anlage zeigt auch der um 800 entstandene, sogenannte St. Galler Klosterplan, ein frühmittelalterlicher Grundrissplan für eine Klosteranlage. Durch einen Brand wurde diese Kirche um die Mitte des 9. Jahrhunderts so schwer beschädigt, dass man einen Neubau errichtete. Der am 27. September 870 geweihte Alte Dom war eine der größten Kirchen Europas und belegte damit die Bedeutung der Kölner Erzbischöfe. Sein Mittelschiff war ca. 12 m breit und wurde von etwa halb so breiten Seitenschiffen begleitet. Mächtige rechteckige Pfeiler trugen die Arkaden, die die drei Schiffe verbanden. Im Osten und Westen schlossen sich niedrigere Querhäuser an, an deren Ostseiten kleinere Nebenchöre lagen. Die Choranlagen endeten in halbrunden Apsiden. Der östliche Chor war Maria, der westliche dem heiligen Petrus geweiht. Letzterer wurde zusätzlich von zwei runden Türmen flankiert. Vor ihm lag ein großer Innenhof, um den die Gebäude der Geistlichkeit lagen und in dessen Mitte ein Brunnen Wasser spendete. Seine Mauern sind noch heute in der Tiefgarage vor dem Dom zu sehen. Bei den Ausgrabungen wurde auch die Schwelle des westlichen Eingangs im Nordquerhaus gefunden. Ihre Oberfläche ist im Laufe der Jahrhunderte von Tausenden Besuchern abgetreten worden. Dieser karolingische Kirchenbau war kostbar geschmückt und ausgemalt, sein Fußboden mit Marmorplättchen belegt. Im 10. Jahrhundert wurde er durch angebaute Seitenschiffe zu einer fünfschiffigen Anlage erweitert. Erzbischof Heribert (999–1021) errichtete am östlichen Querhaus eine doppelgeschossige Kapelle. Die Reste ihrer Mauern stehen im Hof der Dombauhütte. Form und Größe des Alten Domes werden nicht nur durch die Ausgrabungen, sondern auch durch die Darstellung in einer Handschrift von 1025, dem Hillinus-Codex, überliefert.

Das Fußbodenmosaik des Chorumgangs (1887–1899) zeigt eine Darstellung des Alten Domes

 Die Westfassade mit den Türmen, deren Spitzen die Stadt optisch beherrschen

Der gotische Dom

Nachdem 1164 Erzbischof Rainald von Dassel die Reliquien der Heiligen Drei Könige in die Stadt gebracht hatte, war der Kölner Dom nicht mehr nur Amtskirche der Kölner Erzbischöfe, sondern auch eine der bedeutendsten Wallfahrtskirchen Europas. 1248 legte man den Grundstein zu einem gotischen Kirchenbau, dessen Grundformen man von den neuen Kathedralen Frankreichs übernommen hatte. Viel Licht sollte das Kircheninnere erfüllen, deshalb wurden statt massiver Mauern schlanke Pfeiler errichtet. Damit die Wände die Last der hohen Gewölbe dennoch tragen können, werden sie durch ein äußeres System aus Pfeilern und Bögen gestützt: das Strebewerk. Die Bögen sind nicht mehr rund gemauert, sondern in der Mitte zugespitzt, um alle Teile gleichmäßig überwölben zu können und die himmelstrebende Dynamik des Baus zu unterstützen. Mit der gewaltigen Architektur sollte den Menschen ein Abbild des Himmels vermittelt werden.

Man begann den Bau im Osten und nach rund 70 Jahren hatte man den Chorbau fertiggestellt und ausgestattet. Die Pläne stammten vom ersten Dombaumeister Gerhard, doch waren Anstrengungen von allen Seiten und das Können vieler Handwerker notwendig, um ein so gewaltiges Werk zu vollbringen. Um den inneren Chor, in dem der mächtige Hochaltar aus schwarzem Marmor steht, legt sich ein Umgang, an den sich ein Kapellenkranz anschließt. Die Pfeiler setzen sich aus vielen Rundstäben, den sogenannten Diensten, zusammen, die Gewölbe werden von feinen Rippen getragen. Kapitelle mit vergoldeten, naturalistischen Blättern schmücken den Innenraum. In die großen Fenster sind steinerne Ornamente gesetzt, die man Maßwerk nennt. Mit solchem aus Kreisen und Kreisteilen bestehenden Zierwerk ist auch die gesamte Außenarchitektur geschmückt. Dabei wurde die Südseite des Chores, die der Stadt zugewandt ist, reicher geschmückt als die Nordseite.

Über dem wie ein Sockel wirkenden Rund der Chorkapellen erheben sich die einzelnen Strebepfeiler, die sich nach oben in Bögen und unzähligen Spitzen auflösen. Zwischen ihnen hat man den Blick auf die Fenster des Hochchores mit ihrem feinen Maßwerk und den reich verzierten Giebeln. Das steile Bleidach bringt wieder Beruhigung in das Bild. Es endet in einem Firstkamm mit vergoldeten Spitzen und trägt im Osten ein goldenes Kreuz, das seit etwa 700 Jahren von dieser Stelle über Stadt und Rhein leuchtet.

Erst nachdem der Chor vollendet und sein Innenraum durch eine Notwand abgeschlossen war, brach man den noch bestehenden Westteil des karolingischen Domes ab, der bis dahin für den Gottesdienst genutzt wurde. Im Laufe des 14. Jahrhunderts errichtete man die südlichen Seitenschiffe des Langhauses und das erste Geschoss des Südturmes. Seine Erdgeschosshalle setzt sich von der übrigen Architektur durch ihre feinere Profilierung deutlich ab. Im 15. Jahrhundert vollendete man das zweite Geschoss des Südturmes, in das man die 1448/49 gegossenen Glocken Pretiosa und Speciosa hängte. Erst danach begann man auch die nördlichen Seitenschiffe des Langhauses zu errichten. Im frühen 16. Jahrhundert wurde das gesamte Langhaus in Höhe der Seitenschiffe durch ein Notdach geschlossen. Hiermit endete die mittelalterliche Bautätigkeit am Dom.

Der Dom im 19. Jahrhundert

Für Jahrhunderte blieb der Dom unvollendet. Nachdem die französischen Revolutionstruppen die Geistlichen vertrieben und das Gotteshaus als Futterlager verwendet hatten, erwachte eine neue Begeisterung für den gotischen Kölner Dombau. Die Kosten für den 1842 begonnenen Fortbau des Domes teilten sich der preußische König – schließlich galt der Dom als Symbol für die Einigung des Deutschen Reiches unter preußischer Ägide – und der von Kölner Bürgern gegründete Zentral-Dombau-Verein, der auch heute noch große Teile der Unterhaltskosten übernimmt. Als am 15. Oktober 1880 in der obersten Spitze des Südturmes der letzte Stein versetzt wurde, war der Dom nach 632 Jahren vollendet.

Zur Fertigstellung der beiden Türme konnte eine mittelalterliche Bauzeichnung der Zeit um 1300 verwendet werden. Die Querhausfassaden, für die keine originalen Pläne vorlagen, entwarf der bedeutende Dombaumeister Ernst Friedrich Zwirner (1802–1861). Er hielt sich in allen Details möglichst an das mittelalterliche Vorbild, so dass der Dom heute wie aus einem Guss erscheint. Dennoch wurde für den Weiterbau die modernste Bautechnik verwendet. Als Beispiel hierfür kann der Dachstuhl gelten, der zu den frühesten Großkonstruktionen aus Eisen zählt.

Hunderte von Skulpturen mussten für die Fassade, die Türme und die Portale geschlagen, große Glasmalereien für die neuen Fenster geschaffen werden. Für die Portale wurden zudem große Bronzetüren gegossen. Die Ausstattung im Inneren wurde ergänzt. Die hohe Qualität aller Arbeiten des 19. Jahrhunderts macht den Dom auch zu einem bedeutenden Kunstwerk der Neugotik.

△ Taufbecken des Kölner Baptisteriums

Südturmfundament, Zugang zur Turmbesteigung

Die Portale des Domes

Das einzige Domportal, das bereits im Mittelalter entstand, ist das Petersportal im Südturm. Die inneren Standfiguren des Gewändes, das Bogenfeld über der Tür und die vielen kleinen Figuren in den Bogenläufen sind von herausragenden Bildhauern geschaffen worden, die teilweise aus der berühmten Künstlerfamilie der Parler stammten. Sie zeichnen sich durch ihre Ausdrucksstärke und Lebendigkeit aus.

Die Skulpturen der übrigen westlichen Portale schuf der Kölner Bildhauer Peter Fuchs. Er hat mit seiner Werkstatt im 19. Jahrhundert über 700 Plastiken für den Dom gefertigt.

Gewände im Marienportal mit biblischen Gestalten, Peter Fuchs 1872–1880

 Das mittelalterliche Petersportal, um 1370–1390

Der im Krieg beschädigte Vierungsturm erhielt um 1965 eine moderne Form

12 Blick durch das Langhaus mit der 1998 aufgehängten neuen Orgel

Der Obergaden des Chores mit den um 1300 eingesetzten Königsfenstern

 Der südliche Chorumgang mit dem anschließenden Kapellenkranz

)as um 1308–11 geschnitzte Chorgestühl aus Eichenholz ist der Platz des Domkapitels

:ine Tänzerin vom Chorgestühl als Symbol für das irdische Leben

Der Schrein der Heiligen Drei Könige

1164 schenkte der Stauferkaiser Friedrich Barbarossa dem Kölner Erzbischof Rainald von Dassel, der ihn in seiner Funktion als Kanzler des Reiches auf einen Kriegszug nach Mailand begleitet hatte, die Gebeine der drei Weisen aus dem Morgenland. Sogleich wurde der kostbare Reliquienschatz von Mailand nach Köln gebracht. Seit dieser Zeit suchten jährlich Tausende von Pilgern aus ganz Europa die Reliquien der Heiligen Drei Könige auf. Die Dreikönigenwallfahrt spielte im geistlichen wie im wirtschaftlichen Leben Kölns eine große Rolle. Noch heute zieren die Kronen der Heiligen Drei Könige das Wappen der Stadt.

Zwischen 1190 und 1220 schufen Nikolaus von Verdun, der bedeutendste Goldschmied dieser Zeit, und seine Werkstatt einen goldenen Schrein zur Aufbewahrung der hochverehrten Reliquien. Seine Form deutet bereits an, dass eigentlich drei Schreine gemeint sind, wobei einer auf den Firsten der beiden anderen steht. Der Dreikönigenschrein ist 1,53 m hoch, 1,10 m breit und 2,20 m lang. Der hölzerne Schreinkasten ist mit vergoldeten Kupfer- und Silberblechen beschlagen, aus denen die Figuren von der Rückseite getrieben wurden. Lediglich die Stirnseite besteht weitgehend aus reinem Goldblech. Zahlreiche Goldemailplättchen schmücken die Friese. Besonders schön sind die kleinen Säulchen aus Goldemail mit häufig wechselndem Muster. Auf den Kanten und auf dem First sind fein gesägte Ranken als Zierkämme befestigt. Der Schrein ist mit 1000 Edelsteinen und Perlen verziert, über 300 antike Gemmen und Kameen, die als besonders wertvoll galten, sind auf ihm montiert. Für den kostbarsten Schatz des Domes, die Reliquien der Könige, sollte nur das kostbarste Material verwendet werden. Wichtiger noch als der Materialwert war das theologische Programm. An den unteren Langseiten sitzen alttestamentarische Könige und Propheten, oben sind es Apostel. Damit wird ausgedrückt, dass das Neue Testament auf dem Alten gründet. Die ehemals auf den Dachschrägen vorhandenen szenischen Darstellungen sind verloren. Auf der Rückseite sind unten die Geißelung und die Kreuzigung Christi dargestellt, oben erscheint, flankiert von den heiligen Märtyrern Felix und Nabor, der segnende Christus mit den drei christlichen Tugenden Glaube, Liebe und Hoffnung.

In der Mitte der Vorderseite sitzt Maria mit dem Jesuskind, von links nähern sich die anbetenden Könige. Ein vierter König hat sich ihnen angeschlossen: der deutsche König Otto IV., der die Vorderfront stiftete und sich mit dieser Darstellung in die Tradition der ersten christlichen Könige stellte. Rechts neben Maria ist die Taufe Christi im Jordan zu sehen, darüber erscheint Christus als Weltenrichter am Tag des jüngsten Gerichts. Der Schrein zeigt in seinen Bildern also keinen Zyklus mit Szenen aus dem Leben der Heiligen Drei Könige, sondern veranschaulicht die gesamte Heilsgeschichte.

Die trapezförmige Frontplatte ist abnehmbar. Am Festtag der Heiligen Drei Könige, dem 6. Januar, kann man dann hinter einem Gitter die drei mit goldenen Kronen versehenen Schädel liegen sehen. Auf der Trapezplatte sind zwei besonders schöne geschnittene Steine angebracht, eine dunkelrote Gemme mit der Darstellung des Gottes Mars und ein Kameo, der die Krönung des Kaisers Augustus zeigt. Beide Szenen wurden im Mittelalter christlich gedeutet. Über die Jahrhunderte konnte der Schrein vor größerer Zerstörung bewahrt werden, und noch heute ist er der Mittelpunkt des Domes.

Der Schrein der Heiligen Drei Könige, um 1190–1220

Die Anbetung der Heiligen Drei Könige an der Stirnseite des Schreines

 Der Kreuzaltar mit dem Gero-Kreuz

Das Gero-Kreuz

Erzbischof Gero (969–976), Vertrauter und Diplomat Kaiser Ottos I., stiftete ein 2 m hohes Kreuz aus Eichenholz. Die Anregung hierzu hatte er u.a. von einer Reise nach Byzanz mitgebracht, doch waren solche Großkruzifixe zu dieser Zeit in Europa nicht bekannt.

Das Besondere an dieser Kreuzesdarstellung ist aber nicht nur ihre monumentale Höhe, sondern auch der für diese Zeit erstaunliche Realismus. Der tote Leib des Herrn ist am Kreuz herabgesunken. Sein Haupt ist nach vorne geneigt, die Augen sind geschlossen. Muskeln, Sehnen und Knochen zeichnen sich deutlich ab. Christus ist nicht triumphierend, sondern im Moment des Todes dargestellt, da dieser Tod die Erlösung der Menschheit bedeutet. Der Kreuzesbalken und der Nimbus mit den eingesetzten Glassteinen gehören zum ursprünglichen Kruzifix. Der umgebende barocke Altar mit den Säulen und dem Strahlenkranz wurde 1683 durch den Domherren Heinrich Mering gestiftet, dessen Epitaph sich an der benachbarten Wand befindet.

Die Mailänder Madonna

Die Mailänder Madonna

Erzbischof Rainald von Dassel brachte neben den Reliquien der Heiligen Drei Könige ein geschnitztes Madonnenbild aus Mailand mit, das als wundertätig galt und große Verehrung genoss. Vermutlich ist es 1248 beim Brand des Alten Domes untergegangen. In seiner Nachfolge wurde um 1290 das heute noch vorhandene Marienstandbild geschaffen, auf das der Name ‚Mailänder Madonna' übertragen wurde.

Die Statue stand ursprünglich über dem Altar der Marienkapelle und war von einem kunstvoll geschlagenen und farbig bemalten Baldachin bekrönt, dessen Fragmente sich in der Schatzkammer des Domes befinden. Im 19. Jahrhundert verlor die Marienfigur ihren ursprünglichen Platz und wurde auf eine neu geschaffene Konsole gestellt. Auch Zepter und Krone stammen aus dieser Zeit.

Die Mailänder Madonna ist eine der schönsten hochgotischen Skulpturen. Dieselben Bildhauer, die die steinernen Apostelstatuen an den Pfeilern des Binnenchores geschlagen haben, schufen auch sie. Mit sanftem Schwung balanciert sie das Gewicht des Kindes auf ihrem Arm. Ihre Gestalt ist voll Anmut und Würde, reiche Faltengruppen gleiten unterhalb des Armes ihren Körper hinab. Die Figur war von Anfang an farbig gefasst, auch wenn die heutige Bemalung aus dem 19. Jahrhundert stammt. Wie bei den Chorpfeilerfiguren dienten im Mittelalter zeitgenössische italienische Seidenstoffe als Vorlage. Auch wenn die Schmuckmadonna die Mailänder Madonna als Gnadenbild abgelöst hat, ist sie die schönste Darstellung der Gottesmutter im Dom geblieben.

Nicht alle Kölner Erzbischöfe wurden im Dom bestattet und nicht alle Grablegen wurden vom Alten Dom in den gotischen übertragen. Dies geschah aber mit den sterblichen Überresten des Erzbischofs Gero (969–976). Sein Hochgrab wurde in der Stephanuskapelle aufgestellt. Auf dessen Deckplatte ist der Belag des ursprünglichen Grabes, eine Einlegearbeit aus weißem Marmor sowie rotem und grünem Porphyr, erhalten. Der Sarkophag stammt aus der Zeit um 1265. Diesem Typus des Heiligengrabes ohne Liegefigur entspricht auch das Grab der um 1085 verstorbenen heiligen Irmgard in der Agneskapelle. Alle Hochgräber sind auf die jeweils im Osten stehenden Altäre der Chorkapellen ausgerichtet.

An der nördlichen Wand der Kreuzkapelle befindet sich heute die Liegefigur des Erzbischofs Engelbert I. (1216–1225). Es ist keine Grabskulptur, denn seine Gebeine befanden sich in einem Hochgrab ähnlich dem Erzbischof Geros, bis sie 1633 in einen Schrein gebettet wurden. Damit dem als Heiligen verehrten Erzbischof auch im Dom ein dauerndes Gedächtnis bewahrt blieb, wurde diese 1665 von Heribert Neuß geschaffene Figur hinter dem Hochaltar aufgestellt. Erst im 19. Jahrhundert kam sie an ihren heutigen Platz. Im Gegensatz zu den strengen mittelalterlichen Liegefiguren ruht der ebenfalls in geistlicher Kleidung dargestellte Erzbischof entspannt auf seine Hand gestützt. Zudem ist die barocke Darstellung viel realistischer, und auch das Material, leicht gefleckter, heller Marmor, gibt ihm einen gänzlich anderen Charakter. Ein kleiner Engel steht dem Erzbischof hilfreich zur Seite. Scheinbar lebend erwartet der Verstorbene seine Auferstehung.

Erzbischof Konrad von Hochstaden (1238–1261), der 1248 den Grundstein zum gotischen Dom gelegt hatte, wurde in der gerade erst fertiggestellten Achskapelle bestattet. Als dort aber der Schrein der Heiligen Drei Könige aufgestellt werden sollte, wurde das Hochgrab in die Johanneskapelle übertragen. Auf der 1845 neu geschaffenen Tumba ruht die bronzene Liegefigur des Erzbischofs, das bedeutendste Bronzewerk des 13. Jahrhunderts in Deutschland. Jugendlich und schön von Antlitz ließ sich der Erzbischof, der bei seinem Tod 63 Jahre alt war, darstellen. Die sorgfältige Durcharbeitung der Skulptur und die Feinheit des Bronzegusses machen dieses Grab zu einem besonderen Kunstwerk.

Eine ungewöhnliche Form weist das Hochgrab des Erzbischofs Philipp von Heinsberg (1167–1191) auf. Seine aus Kalkstein gearbeitete, ursprünglich farbig gefasste Liegefigur ist eingebettet in einen Kranz von Mauern, Toren und Zinnen. Zusammen mit den Kölner Bürgern hat der Erzbischof einst an der Stadtmauer Kölns gebaut. Deshalb wurde ihm noch um 1330, etwa 140 Jahre nach seinem Tod, dieses aufwendige Grabmal errichtet.

Unter den anderen Grabmälern ist noch das Hochgrab des Erzbischofs Friedrich von Saarwerden (1370–1414) mit der mächtigen, 2,20 m großen Liegefigur hervorzuheben, das in der Marienkapelle neben dem Altar steht. In den gotischen Bögen der Tumba sitzen 23 Figuren, die sich zu Szenen zusammenfügen. Das Grab dürfte unmittelbar nach dem Tod des Erzbischofs entstanden sein.

Nicht weit entfernt steht das Hochgrab des 1371 gestorbenen Grafen Gottfried von Arnsberg, der in voller Rüstung dargestellt ist. Das Gitter, das sich über ihn wölbt, musste der Überlieferung nach angebracht werden, um sein Grab vor den enttäuschten Verwandten zu schützen, die versucht hatten, das Grab zu zerstören, weil Gottfried sein Land nicht ihnen, sondern dem Erzstift Köln vermacht hatte. Noch heute kommt jährlich eine Abordnung der Stadt Arnsberg und legt am Grab des Grafen einen Kranz nieder.

Liegefigur des Erzbischofs Engelbert I., 1665

Grabmäler der Erzbischöfe (l.) Konrad von Hochstaden, um 1260, (r.) Philipp von Heinsberg, um 1330

Der heilige Christophorus

Der Heilige Christophorus ist der Schutzpatron der Reisenden. Wer sein Bild einmal am Tag anblickte, so glaubte man im Mittelalter, war vor plötzlichem Tod geschützt. Deshalb sind die oft sehr großen Bilder und Statuen des Heiligen meist an Eingängen oder Ausgängen von Kirchen zu sehen. Die Kölner Figur steht an einem Pfeiler, den man sogleich sah, wenn man den Dom durch das hier gelegene Südportal betrat. Die 3,73 m hohe Figur ist um 1470 von Meister Tilman geschaffen worden. Sie zeigt den Riesen, wie er auf seinen Schultern das Christuskind über einen Fluss trägt, eine Last, die ihm zunehmend schwerer erscheint, so dass er sie kaum mehr zu tragen vermag. Die Anstrengung des Heiligen, der sich schwer auf seinen Stock stützt, ist an der Skulptur deutlich abzulesen.

Die Schmuckmadonna ▷

Das hochverehrte Gnadenbild der Gottesmutter stammt aus dem 18. Jh. Maria und das Kind sind mit Stoffen bekleidet und mit Schmuck reich behängt. Es war und ist in Köln üblich, dem Gnadenbild kostbare Steine oder Gold zu schenken, wenn man in Liebesnöten ist oder wenn Paare um Kindersegen bitten. Aber auch mit vielen anderen Anliegen wenden sich die Gläubigen an die Gottesmutter. Das belegen die zahlreichen, vor diesem Altar brennenden Kerzen.
Der Altar, in dem das Gnadenbild aufgestellt ist, bildete ursprünglich die Front des Dreikönigenmausoleums, das vom 17. Jh. bis in das Jahr 1889 in der Achskapelle stand und den Schrein der Heiligen Drei Könige barg. Besonders schön sind die beiden barocken Leuchter, die den Altar rahmen.

Die Schmuckmadonna – Das Gnadenbild der Madonna mit Kind

 Der Altar der Stadtpatrone von Stephan Lochner

VM.PIORVM.VOTA.RELIGIONI.RESTITVTVM.ESSE.VELLENT.REINER.
ESPE.REGIONIS.COLON.PRO.PRAEFECTVS.ET.IAC.A.WITTGENSTEIN
VM.MAGISTER.IDEMQVE.LEG.HONORARIAE.SODALIS.PROBANTE
VM.CONCILIO.IN.HOC.PRISCAE.METROPOLEOS.TEMPLO.PROPE
AGORVM.TVMBAM.SOLEMNI.DEDICATIONE.EXPONI.CVRAVERVNT
DIE.SERVATORIS.A.MAGIS.ADORATI.FESTO.CIↃIↃ.CCCX

Der Altar der Stadtpatrone ist heute der berühmteste Altar des Domes. Er wurde um 1445 für die Ratskapelle gemalt und gelangte erst 1809 in den Dom. Geschaffen hat ihn Stephan Lochner, zu seiner Zeit der bedeutendste Maler Kölns. Das Mittelbild zeigt die Heiligen Drei Könige, die mit ihrem Gefolge das Christuskind verehren und ihm Geschenke darbringen. Maria und das Kind sind nicht im Stall von Bethlehem sondern auf einem Thron sitzend dargestellt. Die seitlichen Flügel zeigen links die heilige Ursula mit ihren Jungfrauen, rechts den heiligen Gereon mit den Märtyrern der Thebäischen Legion.

Durch den Goldgrund wird das Geschehen der Schauseite in einen himmlischen Bereich erhoben, doch sind im Gegensatz dazu Menschen und Dinge ganz realistisch dargestellt. Besonderen Wert hat der Maler auf die Schönheit der Stoffe und Pelze sowie auf den Glanz des Goldes gelegt. Auf dem Wiesengrund kann man viele Pflanzen und Insekten erkennen, so etwa einen Hirschkäfer, der sich zu Füßen des heiligen Gereon einer Akelei nähert. Vertreten die Frauen durchgängig einen eher lieblichen und jugendlich zarten Typus, so sind die Männer individueller und in verschiedenen Lebensaltern dargestellt.

Sind in der Zeit vor Weihnachten und Ostern die Altarflügel geschlossen, ist die Verkündigung an Maria zu sehen.

 Madonna mit Kind

Hirschkäfer mit Akelei

Der Klarenaltar

Der Klarenaltar ist eines der Hauptwerke früher Kölner Altarbaukunst. Er wurde um 1360 für die Kirche der Kölner Franziskanerinnen St. Klara geschaffen und kam 1811 in den Dom.

Der Schrein lässt sich durch doppelte Flügelpaare verschließen. Auf den Außenseiten der äußeren Flügel sind stehende Heilige dargestellt: in der oberen Reihe Antonius von Padua, Ludwig von Toulouse, Franziskus, Johannes der Täufer, Nikolaus und Laurentius; unten Maria Magdalena, Elisabeth, Klara, Katharina, Agnes und Barbara. Öffnet man das äußere Flügelpaar, so sind 24 Szenen aus dem Leben Christi zu sehen. Die untere Reihe umfasst die Jugend, die obere das Leiden des Herrn. Die Malereien wurden um 1400, also nur etwa 40 Jahre nach ihrer Entstehung, übermalt. Der jüngere Meister schmückte seine Bilder mit wesentlich mehr Details aus. Auf den Außenflügeln wurden diese Übermalungen bei einer Restaurierung wieder entfernt, so dass heute beide Zustände nebeneinander stehen. Öffnet man den Altar ganz, so sieht man den reich geschnitzten Schrein, in dessen Arkaden oben Skulpturen von Christus und den 12 Aposteln und unten zwölf Reliquienbüsten stehen. Ein Gemälde mit der Gregorsmesse verschließt den Tabernakel. Diese prächtigste der Seiten war im Mittelalter nur an hohen Festtagen zu sehen. Das Gemälde auf der Rückseite des Altarschreins schuf 1907 Wilhelm Mengelberg.

Der Klarenaltar

Dreikönigen-Fenster

Die Komposition dieses Glasgemäldes in der Dreikönigenkapelle, der mittleren Chorkapelle, erstreckt sich über beide Fensterbahnen, so dass der Mittelstab das Bild in zwei Teile teilt.

Es ist wie viele Fenster der Chorkapellen um 1330/40 entstanden. In der Hauptszene beten die Heiligen Drei Könige das Kind an. Einer von ihnen weist auf den Stern über dem Jesusknaben, ein anderer kniet.

Das Besondere dieses Fensters ist die komplizierte, aus vielen Teilen aufgebaute Zierarchitektur, in deren Arkaden Johannes der Täufer, Gereon und zwei Propheten stehen. Die fein gezeichneten Baldachine spiegeln die Architektur des Domes wider.

Die Farbigkeit dieser Fenster mit viel Gelb und Weiß unterscheidet sich deutlich vom benachbarten Älteren Bibelfenster, das um 1260 entstanden ist. Hier dominieren Rot und Blau.

Petrus- und Wurzel Jesse-Fenster

Die erst in der Spätgotik vollendeten nördlichen Seitenschiffe erhielten zwischen 1507–1509 fünf prachtvolle Fenster. Entwurf und Ausführung stammen von Kölner Künstlern. Alle verfeinerten Techniken der spätmittelalterlichen Glasmalerei sind hier angewandt.

Das Petrus- und Wurzel Jesse-Fenster wurde von Erzbischof Philipp von Daun gestiftet. Er ist kniend dargestellt und wird von den Heiligen Petrus und Sebastian begleitet.

Die Wappen seiner Vorfahren füllen den unteren Teil des Fensters. Rechts oben ist die sogen. Wurzel Jesse, der Stammbaum Christi, dargestellt. Aus dem liegenden Stammvater Jesse wächst ein Baum, aus dessen Ästen wiederum biblische Könige wachsen.

Die linke obere Hälfte zeigt Szenen aus dem Leben des heiligen Petrus, von der Berufung des Fischers Petrus links oben bis zu seiner Kreuzigung rechts unten.

Das Petrus- und Wurzel Jesse-Fenster

Geburt Christi-Fenster

Das Fenster gehört ebenfalls zu dem von König Ludwig I. 1842 gestifteten Zyklus. Es wird wie das Pfingstfenster durch gotische Architektur gegliedert.

In den unteren Arkaden stehen vier durch Spruchbänder gekennzeichnete Propheten. Die große Szene zeigt die Anbetung der Hirten und der Könige, während in der obersten Zeile die Verkündigung an Maria dargestellt ist.

Aus den intensiven und differenzierten Farben des Glasgemäldes sticht vor allem der blaue Mantel Mariens hervor. Besonders fein und realistisch sind die Stoffe, z.B. das Gewand des knienden Königs aus Goldbrokat, und die Köpfe dargestellt, an denen man jedes einzelne Haar zu erkennen glaubt.

Als Gemälde angelegt sind auch die Hintergrundlandschaften, die rahmende Architektur dagegen orientiert sich an den mittelalterlichen Vorbildern.

Südquerhausfenster

Das Südquerhausfenster des 19. Jahrhunderts wurde im Zweiten Weltkrieg zerstört. Nach dem Krieg wurde es mit einem nur schwach ornamentierten farblosen Glas geschlossen. Da das alte Fenster nicht dokumentiert war, konnte die ursprüngliche Verglasung nicht rekonstruiert werden.

Die anfangs ins Auge gefasste Verglasung mit figürlichen Darstellungen erschien nicht sinnvoll. 2002 wurde deshalb der in Köln lebende Künstler Gerhard Richter gebeten, einen Entwurf zu vorzulegen. Anknüpfend an seine Farbfelderbilder schlug er vor, die Flächen mit Farbquadraten zu füllen. Fünf Jahre arbeitete er zusammen mit der Dombauhütte an diesem Entwurf. Im August 2007 konnte das Fenster eingeweiht werden.
Nach genauen Farbanalysen entschied er sich für mundgeblasenes Glas in 72 verschiedene Farben. Der Entwurf wird einerseits bestimmt durch die unregelmäßige Verteilung dieser Farben, die von einem computergesteuerten Zufallsgenerator vorgenommen wurde und zum anderen durch die vom Künstler durchgeführten Achsenspiegelungen.

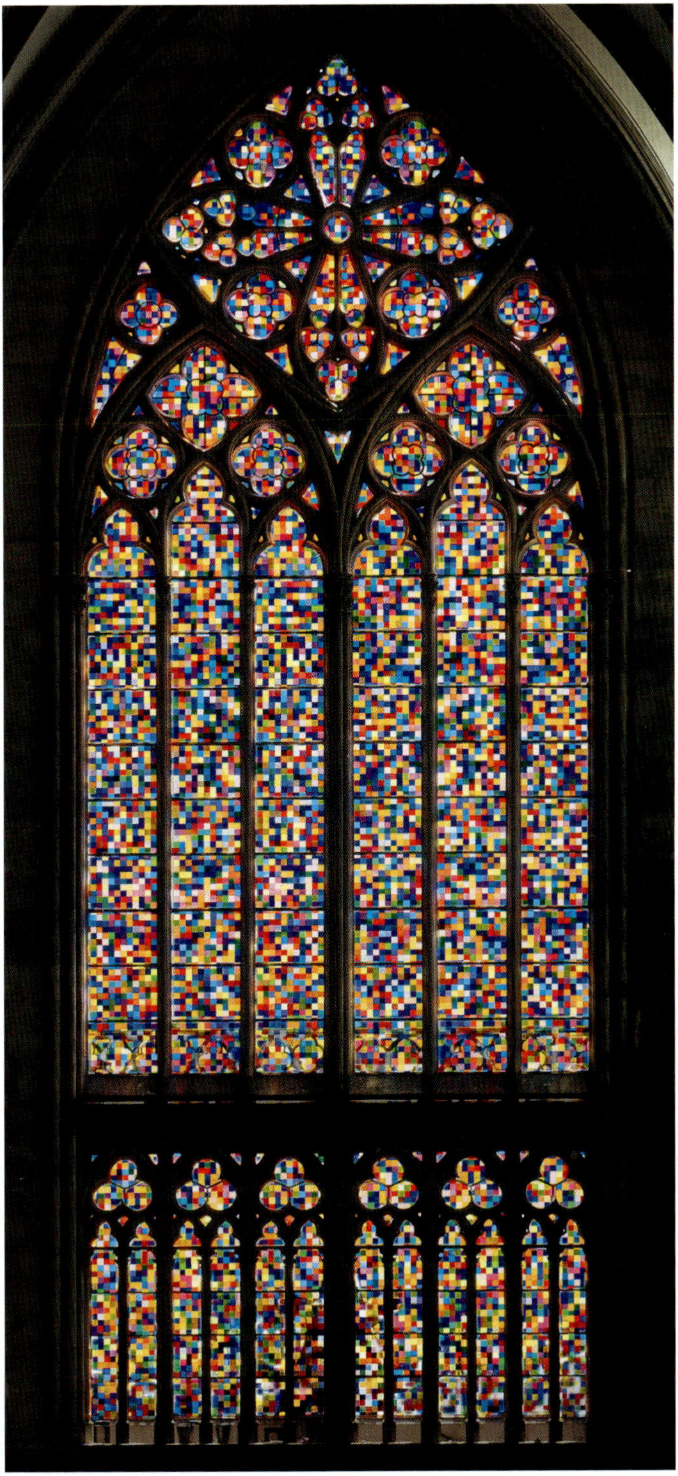

Südquerhausfenster von Gerhard Richter

Die neue Domschatzkammer

 Der mittelalterliche Sakristeikeller mit Teilen des Domschatzes

Die Schatzkammer des Kölner Domes

1277 wurde die alte Sakristei, die heutige Sakramentskapelle, durch Albertus Magnus geweiht. Sie lag nördlich des Domes und wurde ergänzt durch einen zweiten Raum, in dem im 13. Jahrhundert der Domschatz aufbewahrt wurde. Um diese außerhalb der römischen Stadtmauer im Stadtgraben stehenden Räume auf das Fußbodenniveau des Domes legen zu können, wurde ein Unterbau errichtet, dessen Wände zum Teil aus Fundamentmauern des Domes, zum Teil aus der römischen Stadtmauer bestehen. Er ist in fast 10 m Höhe durch Kreuzgratgewölbe geschlossen und umfasst sechs Joche, die sich um zwei Stützen gruppieren. Dieser im 16. Jahrhundert durch eine Zwischendecke unterteilte, eindrucksvolle mittelalterliche Raum birgt heute die Domschatzkammer.

Das würfelförmige Gebäude auf der Domplatte nimmt die Reliquiensammlung des Domes auf. Diese ‚Heiltumskammer‘ ist wie ein Schrein mit Bronzeplatten verkleidet. Zwischen ihr und dem Dom liegen die Eingänge zur Schatzkammer und zum Domladen. Ein außerhalb der gotischen Fundamente liegendes Treppenhaus erschließt die unterirdischen Räume.

Die Heiltumskammer in der obersten Ebene wird von einem Oberlicht erhellt, durch das man auf den Dom blicken kann. In der Raummitte ist der Engelbertschrein aufgestellt, in den 1633 die Gebeine des 1225 verstorbenen Erzbischofs gelegt wurden. Der Petrusstab mit einem Knauf des 4. Jahrhunderts und das Petruskettenreliquiar sind neben dem Schrein der Heiligen Drei Könige die kostbarsten Heiltümer des Kölner Domes.

Die gewölbten Räume unter der Eingangsebene bergen den Hauptteil des eigentlichen Domschatzes, der in speziell ausgeleuchteten Vitrinen gezeigt wird. Zunächst sind Bischofsstab und Kurschwert, die Amtsinsignien des Kölner Erzbischofs zu sehen. Weitere mittelalterliche Objekte schließen sich in dieser Raumachse an, darüber hinaus werden Stücke des 18. und 19. Jahrhunderts gezeigt. Das gotische Vortragekreuz und die gotischen Monstranzen, das Epitaph des Jakob von Croy, die bei einem Raub zerstörte und wiederhergestellte Prunkmonstranz und die Strahlenmonstranz sind die Hauptstücke dieses Raumes. Auf gleicher Ebene liegen schließlich auch der Raum mit dem originalen Holzkern des Dreikönigenschreins und die Bibliothek, in der kostbare Handschriften ausgestellt sind.

In der Ebene darunter befinden sich das Lapidarium und der Paramentenraum. Den südlichen Abschluss dieser Räume bildet die römische Stadtmauer. In der linken Ecke bricht sie ab, hier schließt sich das Fundament des gotischen Domes im stumpfen Winkel an. In den Bogennischen davor stehen zwei Vitrinen, in denen die Grabbeigaben aus den 1959 unter dem Dom gefundenen fränkischen Gräbern gezeigt werden. Eine Frau und ein Knabe aus dem merowingischen Königshaus wurden um 540 hier bestattet. Im selben Raum sind auch einige der originalen Skulpturen des mittelalterlichen Petersportals zu sehen. Im Paramentenraum begeistern vor allem die ausgestellten Teile der sogenannten Capella Clementina, einer Gruppe von kostbaren geistlichen Gewändern. Diese ließ Erzbischof Clemens August für eine Festmesse anfertigen, in der er 1742 seinen Bruder, Kaiser Karl VII., in Frankfurt krönte. Eine große Vitrine mit silbernen Gefäßen und eine kleinere, in der Objekte des 20. Jahrhunderts ausgestellt sind, verdienen ebenfalls besondere Beachtung.

Der Schrein des heiligen Engelbert

Für den 1225 ermordeten Erzbischof Engelbert I. wurde 1633 durch den Kölner Goldschmied Conradt Duisbergh ein kostbarer Schrein geschaffen, für den der berühmte Bildhauer Jeremias Geisselbrunn die Skulpturen entworfen hat. Der Schrein zeigt an den Schmalseiten die Anbetung der Könige und Christus zwischen Petrus und Maternus, dem ersten bekannten Kölner Erzbischof. An den Langseiten sind zehn weitere heilige Kölner Erzbischöfe zu sehen. Erzbischof Engelbert als zwölfter Heiliger ist als Liegefigur dargestellt, zwei Engel reichen ihm Kranz und Märtyrerpalme dar. Die Silberreliefs am Schrein schildern die Lebensgeschichte und die Wundertaten des Erzbischofs.

Das Vortragekreuz mit Emailplatten aus Limoges ▷

Kostbare Edelmetallkreuze wurden und werden noch heute den Priestern beim feierlichen Einzug zur Messfeier oder bei Prozessionen vorangetragen.
Das um 1220 in Köln entstandene Vortragekreuz besteht aus verschiedenen, ursprünglich nicht zusammengehörigen Email-, Filigran- und Gravurplatten. Seine Vorderseite schmücken figürliche Emailplatten, die aus dem südfranzösischen Limoges stammen, einem der bedeutendsten Zentren für die Herstellung und den Export von Grubenschmelzarbeiten im 12. Jahrhundert. Die zentrale, tiefblaue Emailplatte mit kreisförmig betonter Mitte trägt das vergoldete Relief des Gekreuzigten.

 Der Schrein des heiligen Engelbert

Das Vortragekreuz aus Limoges

Der Bischofsstab ist Insignie eines jeden Bischofs und weist auf seine Funktion als Hirte seiner Gemeinde hin. Der gotische Kölner Stab ist um 1320 in Köln entstanden. Er ist ein besonders prächtiges Werk mittelalterlicher Goldschmiedekunst. In der Mitte der von einem Engel getragenen Krümme kniet ein Erzbischof vor der Gottesmutter. Krümme und Knauf sind mit herrlichen Goldemailplättchen geschmückt. Der Knauf ist aus fein gearbeiteten Architekturgliedern aufgebaut.

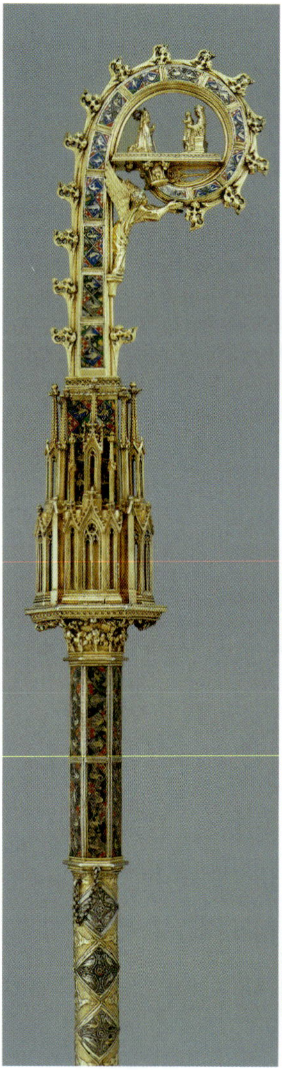

 Gotischer Bischofsstab

Gotischer Bischofsstab im Detail: Krümme

In der römischen Kirche San Pietro in Vincoli wird jene Kette aufbewahrt, mit welcher der heilige Petrus der Legende nach gefangengehalten wurde. Drei Glieder dieser Kette hatte Erzbischof Bruno (953–965) als Geschenk erhalten und nach Köln gebracht. Die Kettenglieder gehörten mit dem Petrusstab zu den kostbarsten Kölner Reliquien und wurden dem Erzbischof bei Prozessionen vorangetragen. Erst zu Beginn des 19. Jahrhunderts wurden die Kettenglieder in eine spätgotische Monstranz gelegt, in deren architektonisch gestalteter Spitze eine Figur des heiligen Laurentius steht.

Gotischer Bischofsstab im Detail: Knauf

Reliquienmonstranz mit Gliedern der Petruskette

38 Prunkmonstranz, Köln 1657/58, zerstört 1975, rekonstruiert 1978–1987

Strahlenmonstranz, Augsburg 1749/51

Sebastianbüstenreliquiar

Das Büstenreliquiar des heiligen Sebastian hat der Kölner Goldschmied Franz Wüsten 1875 geschaffen. Die Spitze des Pfeils auf seiner Brust ist die eigentliche Reliquie. Der heilige Sebastian wurde von seinen Verfolgern mit Pfeilen beschossen. Daher gilt der Pfeil als Attribut des Heiligen.

Epitaph des Jakob von Croy

Das Epitaph des Jakob von Croy entstand um 1518 in Brüssel. Es sollte in Köln an den ehemaligen Domherrn erinnern, der später Bischof von Cambrai wurde. Es zeigt die Anbetung der Könige in einer Rahmenarchitektur, in der sich gotische Formen mit solchen der Renaissance verbinden.

 Sebastianbüstenreliquiar, 1875

pitaph des Jakob von Croy, um 1518

Chormantel des Erzbischofs Clemens August

Der Chormantel (Pluviale) gehört zu einer Gruppe von 22 geistlichen Gewändern, die Erzbischof Clemens August zur Krönung seines Bruders, Kaiser Karl VII., 1742 in Pariser Werkstätten anfertigen ließ. Sie sind aus Silber gewebt und vollständig mit Goldstickerei überzogen. Der Chormantel zeigt neben den durch pflanzliche Formen bestimmten Ornamenten auch das Wappen des Erzbischofs und auf dem Rückenschild die Darstellung des Lamm Gottes, das gefesselt auf dem Kreuzbalken und dem Buch der Apokalypse liegt. Die Darstellung ist ein Symbol für den Opfertod Christi.

42 Chormantel des Erzbischofs Clemens August, Paris 1742

Smaragdbrustkreuz, Wien

Das Smaragdbrustkreuz wurde zusammen mit dem zugehörigen Bischofsring 1826 durch den preußischen König Friedrich Wilhelm III. dem Kölner Dom geschenkt. Die aus Diamanten und Smaragden höchst kunstvoll gefertigten Stücke wurden offenbar um 1740 von der österreichischen Kaiserin Maria Theresia in Auftrag gegeben.

Barocker Kelch, Augsburg

Der Kelch entstand um 1730 in Augsburg. Fuß und Schale sind mit feinteiligem Muschel- und Blattwerk überzogen. Der Formenreichtum ist charakteristisch für die barocke Kunst.

Smaragdbrustkreuz, Wien, um 1740

Barocker Kelch, Augsburg, um 1730

 Beim Blick über das Dach und die Türme verschmelzen Dom, Stadt und Himmel zu einer Einheit

Das Firstkreuz des Domes steht seit etwa 700 Jahren an dieser Stelle und leuchtet über der Stadt

 Das Strebewerk des Domes erfüllt ebenso tragende wie schmückende Funktion